tout ça ne fait pas un poème

ART aPOÉTIQUE

Conception graphique : Marie Bélisle

Image de couverture : Le Parmentier, in *L'Art d'Ecrire Nouvellement mis au jour sur les différents caractères les plus usités, d'après Rossignol* - 1741 (source : gallica.bnf.fr)

© 2020, Marie Bélisle

Édition : BoD – Books on Demand, 12/14 rond-point des Champs-Élysées, 75008 Paris. Impression : BoD - Books on Demand, Norderstedt, Allemagne

ISBN : 978-2-3222-0723-7

Dépôt légal : mars 2020

MARIE BÉLISLE

tout ça ne fait pas un poème

ART aPOÉTIQUE

Idcircone vager, scribamque licenter ? an omnes
Visuros peccata putem mea, tutus et intra
Spem veniae cautus ? Vitavi denique culpam,
Non laudem merui.[1]

Horace, *Ars poetica*, v. 265-268

[1] Écrirai-je donc au hasard et sans règle, ou, pensant que
tout le monde s'aperçoit de mes fautes, n'aviserai-je qu'à ne
point désespérer du pardon ? J'échapperai au blâme sans
mériter l'éloge. (Traduction de Leconte de l'Isle)

Ne pas écrire de poème. Inventer des protocoles absurdes. Ne pas expliquer pourquoi on invente des protocoles absurdes. Faire comme si la vie était un vaste recueil de protocoles hermétiques[1]. Absurdes. ✦ Constater que les poèmes sont généralement moins absurdes que les protocoles, qu'il y a quatre fois le mot *protocole* dans ce protocole (six maintenant) et quatre fois le mot *absurde* (cinq maintenant) et que tout ça ne fait pas un poème. Recommencer autant de fois que nécessaire pour ne pas écrire de poème.

[1] Fort heureusement pour la lectrice, toutefois, des clés sont disséminées au fil des pages qui suivent. Elles entrouvrent quelques portes... herméneutiques.

Il lui suffira de se reporter, en fin de volume (pp. 77-83), aux numéros correspondant aux protocoles où elles apparaissent.

RIEN. NE PENSER À RIEN. OU PLUTÔT penser à ne penser à rien. Se procurer une ramette de pages bien blanches. Numéroter les pages en toutes lettres, en haut à droite, jusqu'au numéro correspondant à l'âge où vous pouvez espérer ne pas mourir. Sur la première, inscrire « rien ». Passer à la page suivante. Ne rien écrire. S'abimer dans l'angoisse de la page blanche qui vous saisit. Résister et continuer à penser à ne penser à rien. Tourner les pages une à une, jusqu'à la dernière page numérotée. Prendre sur soi et penser à sa propre fin. Inscrire « FIN » en lettres capitales. ◆ Constater qu'écrire ne sert à rien et que tout ça ne fait pas un poème. Recommencer quand même, jusqu'à la fin.

S'INSTALLER BIEN CONFORTABLEMENT dans un endroit calme, en posture d'écriture. Activer le chronomètre de votre téléphone portable et transcrire sous forme d'onomatopée le premier bruit entendu (ou remarqué, sachant que l'on n'entend que ce qu'on veut bien entendre). Attendre deux minutes et noter le bruit qui surgit au top, en prenant soin de laisser entre les deux notations un espace vierge valant 120 secondes, en fonction de votre vitesse d'écriture et de la taille de votre graphie ou de la police utilisée. Dans le blanc ainsi délimité, tenter d'écrire quelque(s) silence(s). Faire une pause. Soupirer à trois ou quatre reprises. ◆ Constater que le silence ne s'écrit pas et que tout ça ne fait pas un poème. Recommencer dans un endroit moins calme.

P RENDRE UN LIVRE (PAS UNE REVUE, ni un journal, ni une page web, un vrai livre) dans sa bibliothèque ou en acheter un. Se munir d'un miroir d'un format au moins aussi grand que celui du livre. Ouvrir le livre au hasard, poser le miroir à la marge intérieure. Regarder la page de droite sans la lire (car il ne s'agit pas ici de lecture) jusqu'à ce qu'un mot émerge de l'illisible indifférencié. Noter. Y ajouter vos propres mots dont au moins un palindrome, jusqu'à ce que se dessine sur vos lèvres le sourire de la Joconde. Vérifier précautionneusement dans le miroir. ✦ Constater que vous ne souriez pas (et surtout pas comme la Joconde) et que tout ça ne fait pas un poème. Recommencer avec un autre livre.

ATTRAPER UN RHUME. AU BESOIN, attendre l'hiver (tout en sachant que le froid n'influence pas la prolifération du virus du rhume). S'asseoir devant son clavier avec une réserve suffisante de kleenex pour tenir le temps d'écrire cinq ou six alexandrins classiques (sans enjambement avec césure à l'hémistiche). Idéalement, porter des mitaines afin de générer davantage de fautes de frappe qu'à l'accoutumée. Lire les alexandrins à haute voix. ◆ Constater que ni les coquilles ni l'altération de la prononciation, notamment des s devenus z, n'en détruisent la métrique parfaite et que tout ça ne fait pas un poème. Recommencer tel quel, mais l'hiver prochain.

CHERCHER UN PARC, PUIS CHERCHER un banc de parc, de préférence près d'un troupeau d'enfants. Sortir un livre de son sac à dos et l'ouvrir. Ne pas lire, mais faire semblant d'y être plongé pour regarder les enfants et tenter de les compter. À défaut d'enfants, compter les chiens. Poser le livre sur le banc, sortir votre tablette et ne pas photographier les enfants (ni les chiens). Écrire une phrase comportant le même nombre de mots que d'enfants. Hésiter sur le compte. Recompter. ◆ Constater qu'il y en a un de plus ou deux de moins que tout à l'heure et que tout ça ne fait pas un poème. Recommencer en cherchant un troupeau de vieilles dames (ça bouge moins).

Penser à un gros mot, le mot amour par exemple. Chercher un mot qui ressemble au premier mais qui soit encore plus gros, le mot armoire par exemple. Essayer de calculer combien de fois le gros mot peut entrer dans le très gros mot. Puis chercher dans votre dictionnaire personnel autant de gros mots comparables au premier qu'il le faut pour couvrir tout le champ sémantique du très gros mot. Un mot moyen, le mot larme par exemple, sera peut-être nécessaire pour assurer un ajustement précis. ◆ Constater que le premier gros mot semble avoir rétréci au contact de ses semblables (et notamment du mot moyen) et que tout ça ne fait pas un poème. Recommencer plus poliment.

OUVRIR L'ALBUM DE FAMILLE OU la vieille boite à chaussures qui en tient lieu. Prélever vingt-deux photos de taille identique indépendamment de ce qu'elles représentent. Les regrouper en une pile et mélanger soigneusement tout en formulant une question importante ; par exemple, devrais-je changer de couleur d'encre lorsque j'écris des poèmes ? Téléphoner à un ami qui connait les règles du tarot divinatoire. Tirer autant de photos que nécessaire et les disposer selon ses indications. Raccrocher. Tenter d'écrire une histoire qui constitue une réponse à votre question. ✦ Constater qu'il n'y a pas de réponse puisque les photos sont en noir et blanc, que vous ne reconnaissez pas la moitié des personnes qui y survivent et que tout ça ne fait pas un poème. Recommencer avec vos cartes Pokémon.

APPROCHER UNE CHAISE DE LA fenêtre de façon à bien voir les immeubles d'en face. Choisir celui qui ressemble le plus à un radieux HLM. Repérer une fenêtre ouverte sur une pièce où il n'y a personne. Décrire systématiquement (de gauche à droite et de haut en bas) et le plus précisément possible ce que vous y apercevez. S'interrompre dès que quelqu'un entre dans la pièce. Repérer une autre fenêtre ouverte et décrire la pièce comme précédemment. ◆ Constater que la personne qui entre alors dans la deuxième pièce est celle qui était tout à l'heure dans la première et que tout ça ne fait pas un poème. Recommencer après avoir déménagé en face d'un immeuble à bureaux.

A LLUMER LA TÉLÉ À L'HEURE DU journal télévisé. Ne pas regarder, écouter seulement. Noter le prénom du premier homme interviewé, puis le premier pays étranger faisant l'objet d'une information et enfin le prénom d'une femme interviewée ou, à défaut (vu la rareté de la chose) un deuxième prénom d'homme que vous féminiserez si vous y tenez. Écrire un tanka (5, 7, 5, 7, 7 syllabes) évoquant la nature du pays en cause et l'amour naissant entre les personnages. **+** Constater que la politique et l'économie semblent incompatibles avec l'amour et que tout ça ne fait pas un poème. Recommencer avec une émission de télé-réalité.

D ANS UNE RÉUNION PARTICULIÈ-
rement ennuyeuse, prendre des
notes de façon studieuse. Sans
lever le stylo de la page, inscrire
les mots entendus à la suite les uns des autres, en un
rythme d'écriture fluide et constant. Lorsqu'un mot est
transcrit entièrement, amorcer l'écriture de celui qui
est prononcé à cet instant précis. Continuer jusqu'à
couvrir la moitié d'une page, afin de constituer un
stock suffisant de mots. Après la réunion, transcrire
vos notes, ajouter au besoin articles, pronoms, conjonc-
tions, etc. et éliminer les répétitions. ✦ Constater qu'il
ne reste que bien peu de mots après élagage et que
tout ça ne fait pas un poème. Recommencer à l'église
ou lors d'un meeting politique.

ACHETER UN ROULEAU DE PAPIER aluminium et découper quatorze feuilles de 12 x 12 cm. Les froisser sans trop les comprimer, mais de façon à former quelques plis bien marqués. Sur une surface plane, les étaler du plat de la main. Tenter de lire sur chacune une lettre dessinée par les plis. Classer en ordre alphabétique ou anti-alphabétique (si vous êtes d'un tempérament rebelle). Écrire un sonnet alternant rimes plates et rimes froissées où les lettres alluminées serviront d'initiales aux vers. ✦ Constater avec désolation qu'aucun poéticien n'a décrit les rimes froissées et que tout ça ne fait pas un poème. Recommencer avec de la feuille d'or (mais c'est plus cher).

TROUVER UN BON FOURNISSEUR de madeleines et se coucher de bonne heure pendant plusieurs mois, voire années. Laisser pousser sa moustache (pour les hommes) ou apprendre à poser élégamment son index gauche sur sa joue (pour les femmes, mais pas que). Partir à la recherche de quelque chose. Chercher du côté de Guermantes (Seine-et-Marne), par exemple. Écrire beaucoup de phrases longues à propos d'amours anciennes plus ⌐ ou moins platoniques, sur du papier japonais. Les découper en bandes étroites et les tremper dans le thé. ✦ Constater que la moustache ne vous va pas bien, que vous perdez votre temps et que tout ça ne fait pas un poème. Recommencer le lendemain de la ⌐ mort de votre mère.

L ORS D'UN SALON DU LIVRE, TROUVER un poète dont le livre vous semble particulièrement mauvais. Le choix est vaste. Acheter son livre et demander, l'œil embué (mais pas trop), une dédicace. Donner un faux nom et payer quand même. Réécrire plusieurs poèmes, avec les mêmes mots dans un ordre différent. Inventer un autre titre. Signer votre manuscrit de votre faux nom et expédier à l'éditeur du livre source, en utilisant tous les mots de la dédicace dans la lettre d'accompagnement. Attendre. Attendre. Encore. ◆ Constater que les éditeurs ne lisent pas toujours les manuscrits qu'ils reçoivent et que tout ça ne fait (même) pas un poème. Recommencer avec un bon livre (plus difficile à trouver, mais il faut ce qu'il faut).

EN UTILISANT UN LOGICIEL DE TRAI-
tement de texte doté d'un correcteur
d'orthographe particulièrement psy-
chorigide, écrire quelques lignes de
texte constitué de noms propres et de mots étrangers,
sans activer la correction en cours de frappe. Lorsque
votre page est bien rouge de tous les soulignements
du correcteur (ajouter quelques mots encore plus
étrangers au besoin), accepter une à une les correc-
tions proposées. Restructurer les phrases : les fautes
de syntaxe ne pardonnent pas. Copier le texte ainsi
obtenu dans notepad. ◆ Constater que votre ordinateur
a beaucoup de mémoire mais peu de vocabulaire et
que tout ça ne fait pas un poème. Recommencer avec
du javascript ou (mieux) du C++.

EMPRUNTER LA VOITURE DE VOTRE mère sans lui dire pourquoi, apporter tout un stock de petites enveloppes et rouler d'est en ouest jusqu'à l'océan le plus proche. Tous les 100 kilomètres environ, repérer un panneau comportant un nom de lieu et une distance. Par exemple, Saint-Glinglin-des-Meumeux, 3 km. S'arrêter ensuite dans le premier restoroute venu et acheter le journal local. Découper au hasard le nombre de phrases correspondant à la distance parcourue depuis le départ divisée par 100. Glisser dans une enveloppe identifiant le lieu. Repartir et répéter la séquence autant de fois que nécessaire. Chaque soir, recopier le tout sur votre ordinateur, en American Typewriter Regular avant de dormir dans un motel glauque. Ce protocole n'est pas conseillé aux habitants de Vladivostok ou de San Francisco. ✦ Constater qu'on mange fort mal sur la route et que tout ça ne fait pas un poème. Recommencer en train dans la direction inverse, à partir de Moscou par exemple.

L ORS D'UNE PROCHAINE FASHION WEEK, se déguiser en influenceuse 2.0 ou contacter via WhatsApp un vieux co-pain d'école chargé de com chez Acne Studios. S'armer du dernier modèle de portable (au besoin, l'emprunter à un autre vieux copain coach client à l'AppleStore Opera). Squatter un défilé dans un pop-up showroom du haut Marais. Entre une bouchée de maki quinoa-cranberries-gingembre et une gorgée de gin arôme lavande, shooter ostensi-blement et en gros plan les invités les plus stylés qui n'attendent que ça. Partir après le deuxième passage du serveur (ou de la serveuse, comment savoir ?) et transférer les photos sur votre ordi afin d'identifier les figures de style collectées. ✦ Constater qu'il y a beaucoup trop d'oxymores et que tout ça ne fait pas un poème. Recommencer au défilé du 14 juillet.

ALLER AU LOUVRE OU AU METRO-
politan. Repérer des œuvres repré-
sentatives des deux derniers millé-
naires de l'histoire de l'humanité, à
raison d'une œuvre par siècle. Lire attentivement la
légende de chacune (plus proprement appelée cartel,
mais bon), noter un mot et un seul du titre et, sauf pour
l'œuvre du Ier siècle, l'adjectif qui vous semble le plus
significatif. S'installer au café du musée et commander
la boisson locale, champagne ou bourbon. Écrire pour
chaque œuvre une phrase dont le nombre de mots
correspond au siècle où elle a été produite : douze
mots pour le XIIe siècle, par exemple. ◆ Constater
que quelqu'un a déjà écrit quelque chose de mieux
et que tout ça ne fait pas un poème. Recommencer
au zoo (de Toronto ou de Beijing).

SÉLECTIONNER PRÉCAUTIONNEUSEMENT, à la lumière du jour, le plus rouge de vos rouges à lèvres. Si vous n'en avez pas, demander à une copine ou à un copain. S'habiller proprement et aller faire la tournée des bars avec une copine ou un copain (pas nécessairement le.la même, mais quelqu'un du même genre que vous). Dans le premier bar, aller aux toilettes et inscrire trois mots sur le miroir avec le rouge à lèvres. Par exemple, *je vous aime*. Photographier. Prêter le rouge à lèvres à votre copine ou copain et lui demander d'aller à son tour aux toilettes écrire trois mots sur le miroir. Par exemple, *moi non plus*. Finir votre verre et embrasser qui vous voudrez. Retourner ensemble aux toilettes et photographier ce qui reste des six mots écrits. Répéter le scénario dans quelques bars. ◆ Constater que les miroirs ne sont pas nettoyés souvent, que votre graphie se détériore au fil de la soirée et que tout ça ne fait pas un poème. Recommencer sur les vitres du métro.

ACHETER UN BILLET DE LOTO, DE ceux dont on peut choisir les numéros sur une grille. Jouer les numéros correspondant aux cinq premières lettres de votre prénom. Si une lettre se répète, ajouter 26 à son numéro. Si vous vous prénommez Zazie ou Yanny, prendre le nom de votre chat (et intenter un procès à vos parents). Jouer le dernier chiffre de votre année de naissance en numéro complémentaire. Faire une copie de la fiche et découper les 53 numéros non utilisés. Déposer dans un petit sac, fermer les yeux, tirer six numéros et les coller sur un dé. Lancer le dé six fois et noter dans l'ordre les numéros et leur lettre correspondante. Écrire un acrostiche avec ces lettres. Attendre le lendemain pour connaitre les résultats du loto et relire l'acrostiche. ✦ Constater qu'un coup de dé jamais n'abolira le hasard et que tout ça ne fait pas un poème. Recommencer au casino le plus proche.

CHERCHER DANS SA BIBLIOTHÈQUE le *Tractatus logico-philosophicus* et ne pas le retrouver. Acheter un nouvel exemplaire. Choisir sept aphorismes, en posant le doigt au hasard dans une page, puis dans une autre, etc. Noter le numéro, mais pas le texte entier : seulement le verbe principal. Autour de chaque verbe, écrire un verset érotique impliquant le nombre de protagonistes déterminé par le numéro de l'aphorisme source (en ignorant les chiffres après le point). ◆ Constater qu'il y a beaucoup trop de monde dans certains versets, que vous ne comprenez décidément rien à la philosophie et que tout ça ne fait pas un poème. Recommencer avec la Bible (à cause du verbe…).

CTIVER L'ASSISTANCE VOCALE DE votre téléphone portable ou, mieux, de votre enceinte domotique. Entamer une conversation sur la littérature contemporaine. Commencer, par exemple, par *oulipo*. Noter la réponse de Siri ou d'Alexa : l'adresse de Lipo, par exemple. Continuer l'échange jusqu'à obtenir cinq réponses autres que «Je n'ai pas compris votre question.» Prendre note de chacune. Puis, reprendre l'échange en utilisant les réponses en guise de questions. Ne pas céder à l'énervement. Transcrire l'ensemble en intercalant les métaréponses et les réponses, mais en omettant les questions initiales. ✦ Constater que l'intelligence artificielle n'a pas de culture et que tout ça ne fait pas un poème. Recommencer avec le patron du bistro le plus proche.

DANS LE TABLEAU PÉRIODIQUE DE Mendeléiev, identifier l'élément chimique dont le symbole est le plus ressemblant avec vos initiales. AL, par exemple, si vous vous appelez Antoine Lavoie. Noter la famille à laquelle il appartient et la colonne où il apparait. Consulter Wikipedia pour connaitre la personnalité de votre alter ego. Écrire un autoportrait atomique comportant autant de phrases-phases que le numéro de la colonne et au moins une fois le nom de votre famille. ◆ Constater que tout se transforme et que tout ça ne fait pas un poème. Recommencer avec un tableau de Malévitch.

PAR TEMPS DE CANICULE, PORTER UN chapeau ou des lunettes solaires (ou les deux) et se rendre à la pharmacie la plus proche. Acheter de la crème solaire à très fort indice de protection. En sortant de la pharmacie, trouver un café dont la terrasse est orientée sud et choisir la table la mieux exposée. Sortir un stylo et un cahier (si vous n'en avez pas, demandez au serveur de vous donner une page vierge de son carnet de commande) et écrire un texte bien sombre, en prose ou en vers, à votre guise. Enduire le texte de crème solaire et observer la dissolution du texte. ◆ Constater que la crème ne protège ni contre la mélancolie ni contre la lucidité et que tout ça ne fait pas un poème. Recommencer avec un autre stylo ou une autre crème.

À L'OCCASION D'UN VOYAGE À PARIS, prendre le bateau mouche à l'heure du crépuscule. S'assoir sur le pont supérieur près de touristes parlant une langue que vous connaissez. À l'approche de chaque pont, à l'aller comme au retour, enregistrer quelques secondes de la conversation voisine. Après le retour à quai, la nuit venue, rentrer à l'hôtel et transcrire, pour chaque pont, les deux extraits enregistrés et traduire si nécessaire. Ajouter le nom du pont et quelques mots d'amour (vous êtes à Paris, tout de même). ◆ Constater que le bateau mouche a fait demi-tour après le pont de Grenelle, que les jours s'en vont et que tout ça ne fait pas un poème. Recommencer en prenant le bateau ivre.

CHOISIR PARMI SES AMIS CELUI OU celle qui semble avoir l'esprit le plus vif, l'intelligence la plus acérée. Lui donner rendez-vous dans un lieu relativement isolé, mais confortable. Vous assoir dos à dos, de façon à pouvoir écrire sans que l'autre le voie. Demander à votre ami.e de vous transmettre par la pensée dix mots évocateurs de votre relation. Pas trop vite, afin d'avoir le temps de noter. Interrompre la transmission si un mot violent surgit. *Argent*, par exemple. Lorsque la liste est complète, lire à haute voix les mots reçus, pour valider la réception (ou pas). ◆ Constater que votre ami.e n'est pas aussi intelligent.e que vous le croyiez et que tout ça ne fait pas un poème. Recommencer en activant le partage bluetooth de votre téléphone.

ACHETER AUPRÈS D'UNE ENTREPRISE fiable un test ADN (si vous habitez en France, provisionner au préalable les 3750 € nécessaires au paiement de l'amende que vous risquez). Dans l'attente des résultats, écrire, d'après ce que vous savez de votre histoire, le synopsis de votre autofiction. Ranger ce texte dans l'album de famille ou la vieille boite à chaussures qui en tient lieu (voir § 07). Puis, imaginer le pire : un aïeul vendéen ou une allergie congénitale aux opiacées, par exemple. Après lecture des résultats, écrire le synopsis de l'autofiction de votre double hélicoïdal. Relire le premier synopsis en regardant une photo de votre père et comparer les deux textes. Conserver les traits qui vous ressemblent le plus (ou à votre double). ◆ Constater avec soulagement que le trouble dissociatif de l'identité n'apparait pas dans la liste de vos tares et que tout ça ne fait pas un poème. Recommencer avec le fils de la cousine de votre voisin ou le voisin de la cousine de votre fils.

SUR UNE FEUILLE DE PAPIER QUADRILLÉ, tracer selon l'inspiration du moment des séquences de points et de traits entrecoupées d'espaces nettement visibles ; ne pas ⚷ dépasser cinq éléments (traits ou points) par séquence. Découper la feuille en bandes et les coller l'une à l'autre dans l'ordre, de façon à constituer un ruban. Demander à votre grand-mère les coordonnées de son ex-amant opérateur de TSF, afin de faire traduire le contenu de votre ruban en signes alphanumériques. Ajouter ensuite les lettres nécessaires pour former de vrais mots (à condition que vous sachiez ce qu'est un vrai mot). ✦ Constater que l'ensemble manque de rythme et que tout ça ne fait pas un poème. Recommencer ⚷ en écoutant un vieil album de Morse Code.

S E RENDRE DANS UNE ANIMALERIE OÙ vous êtes certain que les animaux sont bien traités et acheter une petite tortue de terre. Aller avec la tortue à la bibliothèque municipale la plus près de chez vous. Poser la tortue sur un mètre ruban et mesurer la distance qu'elle parcourt pendant que vous écrivez une phrase. S'assurer d'adopter pour votre graphie une vitesse et une taille constantes. Marquer le point où se trouve la tortue sur le ruban. Écrire une phrase correspondant à la longueur parcourue initialement par la tortue, puis mesurez le nouveau parcours de la tortue. Marquer ce deuxième point. Écrire une phrase correspondant à la deuxième mesure. Répéter jusqu'à ce que la tortue arrive au rayon philosophie grecque de la bibliothèque. ◆ Constater que vous ne rattraperez jamais la tortue et que tout ça ne fait pas un poème. Recommencer après être retourné à l'animalerie échanger la tortue contre un lapin.

CHOISIR UN MOT QUI VOUS PLAIT, LE mot *plaisir*, par exemple. Ouvrir un dictionnaire de synonymes, chercher le mot choisi et noter le deuxième synonyme proposé. Puis, chercher l'antonyme de ce synonyme et noter le deuxième mot proposé. Chercher ensuite le synonyme de cet antonyme et noter, toujours, la deuxième proposition. Continuer en alternant synonymes et antonymes jusqu'à retrouver en deuxième position le mot initialement choisi. ♦ Constater que les glissements sémantiques progressifs ne vous ramènent pas à votre plaisir et que tout ça ne fait pas un poème. Si vous êtes adepte des pratiques SM, recommencer avec un autre mot, *labyrinthe* par exemple.

S E MUNIR D'UN PORTE-PLUME D'ÉCOLIER du siècle dernier, de deux plumes, de papier bien blanc et d'une bougie. Acheter un demi-litre de lait entier et un petit flacon de vinaigre blanc. Verser un peu de lait dans une verrine (puisque vous n'avez certainement pas d'encrier) et un peu de vinaigre dans une autre. Tremper une plume dans le lait et écrire deux ou trois lignes. Boire une lampée de lait, puis, reprendre l'écriture : deux lignes encore. Mémoriser le texte. Laisser sécher et boire ce qui reste de lait pendant ce temps. Changer de plume et tremper la nouvelle dans le vinaigre. Rayer des passages du texte, remplacer des mots, bref, corriger. Laisser sécher à nouveau, mais ne pas boire le vinaigre. Chauffer précautionneusement la feuille et lire ce qui s'y révèle. ◆ Constater que vous avez raturé les meilleurs mots, que le vinaigre a fait tourner le lait et que tout ça ne fait pas un poème. Recommencer avec de l'encre antipathique.

PAR TEMPS VARIABLE, OUVRIR UNE fenêtre, démarrer son ordinateur et lancer l'éditeur de texte. Inscrire le titre de son projet entre deux barres obliques. Penser au programme de ses prochaines vacances ; l'observation méthodique des strings de vos voisins de plage, par exemple, ou la visite d'un char de la Seconde Guerre mondiale. Rédiger trois énoncés commençant dans l'ordre par « si », « alors » et « sinon », chacun se terminant par un point-virgule. En fin de séquence, ajouter « enfin si ». ✦ Constater que vous avez oublié de fermer des parenthèses, que la souris qui squattait votre appartement s'est enfuie et que tout ça ne fait pas un poème. Recommencer en pensant au programme télé.

FREDONNER IN PETTO L'HYMNE NATIO-
nal du pays où vous vivez ou de celui
dont vous êtes originaire (si la mélodie
en est plus plaisante). Tracer un tableau
à trois colonnes. Dans la première, inscrire les notes
de la première phrase mélodique de l'hymne ; do
do do fa fa sol sol do la fa, par exemple. Dans la
troisième, en ordre inversé et phonétiquement, les
syllabes correspondant aux notes ; e i tri pa la de fan
zan lon a, par exemple. Remplir la colonne centrale
de façon à constituer des vers grammaticalement
corrects. ✦ Constater que la syntaxe du patriotisme
manque d'élégance et que tout ça ne fait pas un poème.
Recommencer avec une chanson de Gainsbourg ou
avec *L'internationale*.

TROUVER UN COIN DE VRAIE CAMpagne où on entend le chant des oiseaux. Dénicher une prairie, déplier un plaid et s'allonger sur le côté (droit si vous êtes gaucher et inversement). Ouvrir l'appli de notes de votre tablette. Discerner un gazouillis inspirant et imaginer une traduction. Une phrase de longueur moyenne (un peu moins de 150 caractères) devrait suffire. Si l'oiseau est particulièrement loquace, doubler la longueur du texte. Écrire un texte différent pour chacun des gazouillis. Enregistrer et envoyer à tous vos amis. Éteindre la tablette, replier le plaid et vérifier, une heure plus tard, si vos amis ont aimé vos traductions et les ont fait lire à leurs propres amis. ✦ Constater à la relecture que les oiseaux n'ont rien dit de bien original et que tout ça ne fait pas un poème. Recommencer avec les miaulements de votre chat.

ALLER SE BALADER DANS UN QUAR-
tier commerçant. S'il fait un peu
frais, prendre une petite laine, idéa-
lement de couleur verte. Regarder ⊙—🔑
attentivement les enseignes, les affiches et autres
inscriptions urbaines. Chercher des mots (autres
que des marques ou des noms propres) contenant
un A noir, un E blanc, un I rouge, un U vert et un O
bleu ; au moins un par voyelle, mais davantage si vous ⊙—🔑
trouvez. Photographier chacun. Trouver un bar sympa
et commander une absinthe. Recopier dans l'ordre les
mots photographiés. Écrire un sonnet (oui, encore ;
voir § 11) en multipliant les enjambements (on n'est
plus au XIXe siècle, quand même). ◆ Constater que ça
manque de jaune, que le vert ne vous va pas au teint et
que tout ça ne fait pas un poème. Recommencer avec
les couleurs google en buvant un cocktail au curaçao.

ALLER AU CHÂTEAU DE FONTAINE-
bleau, de Versailles ou, mieux, de
Nymphenburg (Marienbad). Porter
un rubis en collier ou, à défaut, une
étole. S'assoir auprès d'un bassin et observer longue-
ment les cygnes en écoutant Tchaïkovsky. Tracer leurs
arabesques, interpréter leur valse comme des signes
noirs. Écrire cinq octosyllabes et les transcrire en
calligramme, idéalement sur papier bleu, en repro-
duisant le tracé des arabesques. ✦ Constater que vous
n'aimez pas la vie de château et que tout ça ne fait pas
un poème. Recommencer au square des Batignolles.

S'INQUIÉTER. S'INQUIÉTER VRAIMENT, intensément. Imaginer le pire. Penser que votre fils pourrait être hétéro, par exemple ; ou que votre orchidée pourrait ne pas refleurir. Multiplier les angoisses. Les laisser circuler en vous en un flux ininterrompu. Trouver de l'encre rouge sang, prendre sa tension artérielle et s'inquiéter encore plus. Noter l'écart entre les deux nombres ($19 - 10 = 9$, par exemple) et écrire autant d'énoncés bien angoissés. ◆ Constater qu'il est encore plus inquiétant d'écrire que de ne pas écrire et que tout ça ne fait pas un poème. Recommencer avec de l'encre bleue en imaginant que vous êtes un aristo déchu.

Dénicher sur Internet, ou dans les tiroirs de votre ex prof de fac, une synthèse de thèse (ou abstract, en français de France) sur un sujet auquel vous ne connaissez rien et qui, surtout, ne vous intéresse pas : la méthadone, par exemple, ou les métadonnées. Copier un passage de texte d'une longueur déterminée par la quantité de mots (trop) savants (pour vous) qu'il contient, d'autant plus long que le registre linguistique est soutenu. Supprimer les mots de plus de trois syllabes et ceux qui comportent des Y et des H. Traduire ceux qui restent en verlan et reconstituer des phrases correctes sur un mode métaphorique. ✦ Constater que le xtet est koran slup stréab et scurob et que tout ça ne fait pas un poème. Recommencer avec un texte de rap en inversant le processus.

U N SAMEDI SUR LE COUP DE 11H, s'assoir à la terrasse d'un café accueillant et commander un petit déjeuner français : orange pressée, café, croissant, confitures. Disposer le cahier ou la tablette de façon à pouvoir écrire sans faire tomber de confiture sur votre page. En attendant le retour du serveur, inscrire la date du jour en toutes lettres. Prendre une bouchée de tartine et écrire tout le temps que dure la mastication. Boire une gorgée de café. Répéter la séquence tartine écriture café jusqu'à épuisement des stocks. ✦ Constater qu'il y a deux taches de confiture sur votre page et que tout ça ne fait pas un poème. Recommencer avec d'autres boissons et aliments à l'apéro.

ALLER CHEZ LE COIFFEUR POUR UNE coupe bien nette. Pour être certain qu'il respecte vos desiderata, apporter des fleurs ou des bonbons (c'est mieux). Prendre un selfie. Chaque matin pendant une semaine, prendre de quoi écrire et s'enfermer dans les toilettes, écouter très attentivement et écrire sans censure ce qui vous vient à l'esprit, mais en utilisant exclusivement des mots sans hampes ni jambages. Prendre un selfie. Retourner chez le coiffeur avec vos textes et vos photos. Devant son indifférence teintée d'inquiétude, reprendre les bonbons. ✦ Constater que vos cheveux n'ont pas assez poussé pour chercher un autre coiffeur et que tout ça ne fait pas un poème. Recommencer en allant chez un tailleur en apportant du champagne.

TROUVER UN PSEUDONYME, UN nom de guerre ou de résistance en quelque sorte. Bloody Mary, par exemple, ou Blaise Lemire. S'inventer autre, brouiller les cartes et cultiver le flou. Chercher dans les limbes de votre disque dur ou dans votre corbeille à papier un texte écrit précédemment. Une histoire d'absinthe et de curaçao, par exemple (voir § 34). Changer les pronoms et articles définis par des indéfinis et mettre les verbes au conditionnel et au subjonctif. Envoyer anonymement à la Direction de la répression des fraudes, à votre patron et au Canard enchaîné en signant de votre pseudo. Mettre dorénavant des lunettes de soleil quand vous sortez (sauf au bureau). ◆ Constater après trois mois que votre patron n'a toujours pas démissionné et que tout ça ne fait pas un poème. Recommencer en floutant un extrait de *Gros câlin* ou de *J'irai cracher sur vos* ⚷ *tombes*.

U N SOIR D'ÉTÉ (POUR LA LUMIÈRE), se coucher tôt en s'assurant d'être seul dans son lit. Si nécessaire, rompre cette liaison qui, incidemment, commençait à vous peser. Se servir un verre de scotch single malt sans glaçons. Disposer les oreillers de façon à surélever la tête et le buste et se glisser entre les draps (between the sheets). Écrire un mot sur la deuxième page de votre cahier (ce protocole ne fonctionne pas avec une tablette), sauter une feuille et écrire un mot sur la suivante jusqu'à ce que l'encre de votre stylo plume ne s'écoule plus à cause de votre position (ce protocole ne fonctionne pas avec un stylo bille). Lire les mots glissés entre les feuilles. ✦ Constater qu'à la cinquième lampée de scotch vous avez oublié de sauter une page et que tout ça ne fait pas un poème. Recommencer avec un cocktail (rhum blanc, cognac, triple sec et jus de citron).

Entrer dans un édifice d'au moins vingt-six étages abritant de nombreux bureaux et cabinets professionnels. Prendre l'ascenseur. Ne pas monter seul : attendre que quelques personnes se présentent. Appuyer sur le bouton du 26ᵉ, au cas où. À chaque arrêt, consigner sur votre téléphone l'étage et le nombre de personnes qui montent et/ou descendent. Si vous vous retrouvez seul, vous rendre au dernier étage et appuyer sur le bouton du rez-de-chaussée. Continuer jusqu'à avoir consigné dix arrêts. Attribuer à chaque étage une lettre correspondant à sa position dans l'alphabet. Pour chacun des arrêts, écrire un décasyllabe augmenté ou diminué du nombre de personnes montées ou descendues et comportant un mot commençant par la lettre de l'étage. ◆ Constater que la lettre M n'intéresse personne, que le chirurgien esthétique du 8ᵉ est sans doute excellent et que tout ça ne fait pas un poème. Recommencer en prenant les escaliers (après avoir effectué un électrocardiogramme de contrôle).

EN MARS OU EN AVRIL, TROUVER CHEZ un antiquaire ou dans la cave de votre vieille tante une machine à écrire manuelle en état de marche (avec un chariot d'au moins 30 cm). Aller dans le chinatown le plus proche, acheter un rouleau de papier wenzhou et faire une bonne provision de thé noir. Insérer le papier dans la machine en prenant soin de bien aligner les bords. Relire *L'amant* de Duras. Lentement. Choisir dans chaque page un mot et l'article ou pronom qui lui est associé (par exemple : il dit) que vous transcrirez sur la longue page, à raison d'un mot par ligne (à double interligne). Boire une tasse de thé après chaque chapitre. Continuer jusqu'à la fin du rouleau ou du roman. Avec un pinceau très fin, ajouter la ponctuation à l'encre bien noire. ◆ Constater qu'un nid d'hirondelle ne fait pas le printemps et que tout ça ne fait pas un poème. Recommencer en septembre ou en octobre en relisant *L'automne à Pékin*.

FAIRE UNE LISTE DE MOTS QUE VOUS aimez. Ou pas. Il importe fort peu d'aimer ou de ne pas aimer les mots que l'on s'approprie. Compter une trentaine de mots *pleins* : substantifs, verbes, adjectifs, adverbes. Et une vingtaine de mots *outils* : pronoms, déterminants, conjonctions. Rédiger un texte contenant tous les mots de la liste mais sans aucune répétition. Si nécessaire, intercaler librement, dans une proportion ne dépassant pas un pour dix, des mots n'appartenant pas à la liste. Écrire autant de textes différents que possible à partir de la même liste. ◆ Constater que l'interdiction de la répétition vous fait bégayer et que tout ça ne fait pas un poème. Recommencer en écoutant du John Cage.

LE MATIN, CHEZ SOI OU HORS DE CHEZ soi, noter le premier mot lu. Le laisser reposer, seul, pendant quelques heures. Sur le coup de midi, noter une couleur qui accroche le regard. S'il n'y en a aucune ou si on se trouve dans une rue de Paris en hiver, inscrire *gris*. Puis, une fois par heure jusqu'au coucher du soleil, écrire un mot supplémentaire : d'abord un adjectif, puis un adverbe, un substantif et un verbe, dans l'ordre, accompagnés si nécessaire d'articles ou de pronoms, et reprendre la séquence au besoin (les jours d'été). Avant d'aller au lit, relire l'ensemble. ◆ Constater que la journée fut bien courte et que tout ça ne fait pas un poème. Aller tout de même au lit. Recommencer en rêve.

SORTIR SA VALISE DU PLACARD. LA POSER bien en vue, ouverte, près de sa table d'écriture. Chercher son passeport. Le trouver finalement dans la pochette extérieure de la valise. L'ouvrir au hasard et noter le nom de ville le plus lisible. S'il n'y a rien, imaginer. Dublin, par exemple. Mettre dans la valise trois objets indispensables pour cette destination. Refermer la valise et le passeport. Écrire une phrase sur chacun des objets déposés dans la valise. Glisser la feuille dans la pochette extérieure de la valise avec le passeport. Ranger la valise jusqu'aux prochaines vacances. ♦ Constater que vous n'avez absolument pas envie d'aller à Dublin et que tout ça ne fait pas un poème. Recommencer avec un sac à main et un carnet d'adresses.

ATTENDRE QUE SURVIENNE UN JOUR de déprime. Au besoin, le provoquer en se regardant de près dans la glace avant d'avoir bu son premier café et remplacer le café par un calva (cul sec). Sortir de chez soi pour écrire et oublier consciencieusement son carnet. S'abriter de la pluie dans un abribus. Prendre le bouquin prêté par une collègue et déchirer la page de garde. Déverser son spleen sur toute la page en une prose bien parisienne et en explorant toutes les nuances du gris du jour. Arracher du bout des dents une envie près d'un ongle. Lorsque le sang perle, appuyer fermement sur la page, au bas du texte. ♦ Constater que la déprime est toujours là même s'il ne pleut plus, que vous avez mal au doigt et que tout ça ne fait pas un poème. Recommencer un jour de fête en attendant le facteur.

ACHETER UNE BOBINE DE FIL DE soie très fin, blanc ou écru. Recopier méthodiquement un fragment de texte de Jules Michelet ou d'Edgar Allan Poe. S'arrêter lorsque le texte occupe une page entière (format lettre ou A4, Times New Roman 12, interligne simple). Imprimer. Couper un mètre de fil de soie, plus deux ou trois centimètres à chaque extrémité. Dans un petit bol, verser de l'encre rouge et y plonger le fil. À défaut d'encre rouge, utiliser de l'éosine. Égoutter et déposer le plus artistiquement possible sur la page. Laisser sécher avant de soulever délicatement le fil. Réinventer l'histoire en employant seulement les mots touchés par la trace rouge. ✦ Constater que vous avez perdu le fil et que tout ça ne fait pas un poème. Recommencer en recopiant *Le Petit Poucet*.

ALLER CHEZ LE PSYCHANALYSTE. Choisir un praticien compréhensif et ouvert à l'expérimentation artistique qui acceptera que votre logorrhée soit enregistrée. Freudien ou lacanien, peu importe. À l'heure dite, s'allonger sur le divan et activer la fonction d'enregistrement de votre téléphone. Parler sans discontinuer jusqu'à la fin de la séance. Payer le psychanalyste, bien sûr. Rentrer chez soi et ne pas téléphoner à sa mère. Écouter l'enregistrement de bout en bout et écrire ce que vous pensez que le psychanalyste a pensé en écoutant votre monologue. ✦ Constater que les psychanalystes n'écoutent pas, ou ne pensent pas, on ne sait pas trop, et que tout ça ne fait pas un poème. Recommencer en allant chez un avocat pour intenter un procès à vos parents (voir *§ 19*).

§ 50 : *URBAIN*

U N MATIN D'AOÛT, VERS 10 H, POUR être certain d'avoir une place assise, se rendre au point de départ d'un bus qui traverse la ville. Le 66 à Mairie-de-Saint-Ouen, par exemple. S'installer à une place isolée pour éviter que votre voisin vous interroge. Sortir carnet et stylo et se tenir prêt au départ. À chaque arrêt, noter un détail apparemment insignifiant, un chien accroupi, par exemple, et écrire jusqu'à l'arrêt suivant. Si vous voyez à nouveau un chien accroupi, chercher un autre détail : un type dans les 26 ans avec un chapeau mou, par exemple. ♦ Constater que les arrêts de bus sont vraiment très près les uns des autres, que votre graphie est illisible et que tout ça ne fait pas un poème. Recommencer en métro ou, mieux, en RER.

SE PROCURER DES *POST-IT* DE TAILLES variées, en les piquant dans les fournitures du bureau : du plus petit (16 x 38 mm) au plus grand (76 x 127 mm). Préparer des blocs de dix feuilles de chacun des formats. S'exercer au préalable pour calibrer sa graphie et inscrire sur chaque feuille un ou deux mots à connotation autobiographique en capitales bien lisibles. Coller aléatoirement sur le miroir de la salle de bain par groupes de trois ou quatre, en laissant des interstices d'au moins un centimètre entre les groupes. Photographier. ◆ Constater que vous avez pris quelques rides nouvelles depuis votre récente tournée des bars (voir § 18) et que tout ça ne fait pas un poème. Recommencer avec des papiers déchirés que vous ferez flotter dans votre baignoire.

PARTIR À LA CHASSE AU PLUMITIF urbain. En fin de matinée, il y en a au moins un sur chaque terrasse (au moins deux si vous êtes dans le 6ᵉ arrondissement de Paris ou dans le Mile End à Montréal). S'installer à la table la plus proche. Lire les titres des livres posés négligemment entre le café et le cendrier. Ouvrir ostensiblement votre carnet et écrire en vers libres une version libre de l'un de ces ouvrages. Choisir de préférence celui que vous n'avez pas lu. Lever les yeux et le stylo tous les trois ou quatre mots. De temps à autre, regarder votre voisin écriveron et sourire. Lorsque vous ne pouvez plus faire semblant qu'il y a encore du café dans votre tasse, lui demander « Vous écrivez ? » Il dira « Oui. » Répondre « Moi aussi. » Refermer votre cahier et partir. ◆ Constater que beaucoup d'écriverons se baladent avec un exemplaire de *Lettres à un jeune poète* ou d'*Une chambre à soi* et que tout ça ne fait pas un poème. Recommencer à la campagne avec un ami ornithologue.

O BTENIR LA TRANSCRIPTION D'UN discours du président de la république. Idéalement, une allocution expliquant une décision controversée. Numériser, copier ou ressaisir dans un traitement de texte en appliquant alternativement un fer à gauche et un fer à droite, dans une mise en page aux marges étroites. Réécrire en utilisant exclusivement les mots des débuts (pour le fer à droite) et des fins (pour le fer à gauche) des lignes en drapeau. Pour la mise en page de votre version, adopter une mise en forme en blocs alignés à la marge des deux côtés. ✦ Constater que même expurgés dans une proportion importante, les propos du président sont injustifiables et que tout ça ne fait pas un poème. Recommencer en recopiant des articles du code de la route.

FAIRE EN SORTE QU'ON VOUS OFFRE UNE douzaine de roses. Ou vous les offrir à vous-même, c'est plus simple et moins risqué pour la suite. Roses, les roses. Choisir la plus belle et l'effeuiller dans l'eau bien chaude de votre bain. Se laisser mariner pendant une petite heure en lisant quelques sonnets classiques. Sortir du bain. Respirer les autres roses. Décliner en une ode de onze strophes régulières, une pour chacune des roses restantes, votre sentiment face à l'inéluctable flétrissure de tout être, notamment après un long bain chaud. ◆ Constater que vous avez perdu votre latin, qu'une rose est une rose est une rose et que tout ça ne fait pas un poème. Recommencer avec des chrysanthèmes.

S'INSCRIRE SUR UN SITE DE RENCONTRES en créant deux profils, l'un masculin, l'autre féminin. Choisir des pseudos explicitement provocateurs, Roméo et Juliette, par exemple. Rédiger une présentation applicable aux deux profils. Choisir des noms et adjectifs épicènes, privilégier les temps simples pour éviter les participes passés et n'utiliser l'imparfait (qui risque d'être mal interprété) qu'avec parcimonie. Multiplier les conjonctions de coordination, les esperluettes et les traits d'union. ◆ Constater que la surabondance des liaisons (même strictement grammaticales et respectueuses des genres) peut être dangereuse et que tout ça ne fait pas un poème. Recommencer sur un site de recherche d'emploi en évitant l'impératif et en multipliant les conjonctions de subordination.

RÉFLÉCHIR INTENSÉMENT PENDANT dix ou douze minutes à une grande question morale. L'épilation intégrale, par exemple. Faire ensuite une liste des mots qui vous viennent à l'esprit en évitant les termes trop conceptuels. Chercher des images, des odeurs, des bruits, des aliments, des lieux. Inventer deux personnages : l'un qui conforte la posture morale étudiée et l'autre qui s'y oppose. Un xolo et un lévrier afghan, par exemple. Imaginer, en vers réguliers rimés une histoire qui les met en scène. Terminer par un aphorisme subtilement caustique. ♦ Constater que qui veut noyer son chien l'accuse de la rage et que tout ça ne fait pas un poème. Recommencer après avoir réfléchi pendant dix ou douze ans à l'inconvénient d'être né.

O UVRIR UN LIVRE DE RECETTES, choisir une recette plutôt complexe et acheter tous les ingrédients nécessaires à sa réalisation. Préserver votre réputation en n'invitant personne. Faire une copie de la recette et découper en fines lamelles. Prendre un crayon tout neuf et prélever quelques copeaux avec un taille-crayon bien aiguisé. Ajouter aux lamelles de papier. Couper un oignon, pleurer un peu et recueillir quelques larmes. Mélanger avec trois ou quatre millilitres d'encre noire et verser sur le mélange lamelles-copeaux. Touiller consciencieusement et assaisonner d'une pincée de poussière de gomme à effacer. Repérer au moins cinq mots encore lisibles sur les lamelles à intégrer dans un petit conte gourmand. ◆ Constater que le plat manque de sel et que tout ça ne fait pas un poème. Recommencer lors d'un gros chagrin d'amour.

PRENDRE UNE FEUILLE DE PAPIER IVOIRE de format A3. La plier en deux puis encore en deux puis encore pour obtenir un livret de seize pages. Agrafer sur la dernière pliure et couper les pages comme pour un livre ancien. Sur la première page, inscrire votre nom et un titre. *Ceci n'est pas un livre*, par exemple. En page trois, transcrire le titre en plus petit. En page cinq, copier une citation significative ; « *Soyez plutôt maçon si c'est votre talent* », N. Boileau, par exemple. En page sept, décrire une maison parfaite, ses portes et ses murs, ses tableaux et ses vases. Être prudent avec le miroir : ses proportions doivent être identiques à celles des pages. S'arrêter en page treize. ✦ Constater que *Ceci n'est pas un livre* n'est pas un livre et que tout ça ne fait pas un poème. Recommencer avec une feuille plus grande et une citation d'Octave Mirbeau.

S'ASSOIR EN TERRASSE À CÔTÉ D'UN MEC qui semble bien chelou. Assez près pour entendre les conneries qu'il débite au rythme syncopé que son alcoolémie lui impose, mais assez loin pour ne pas risquer d'en être la victime colatérale. Écouter le discours qu'il tient à sa meuf. Pas longtemps, trois minutes suffiront. Noter tous les verbes à l'impératif. Traduire en une élégie antinomique mêlant le passé antérieur et le subjonctif imparfait inspiré par tous les adjectifs en « asse » émaillant le discours du mec. Résister à l'envie de l'invectiver. ◆ Constater que la meuf n'a pas prononcé une parole pendant les trois minutes et que tout ça ne fait pas un poème. Recommencer après avoir appelé les flics.

Dans une ville inconnue mais linguistiquement familière (Paris, par exemple), activer son GPS et chercher une voie poétique. Le square d'Anvers, par exemple. S'y rendre à pied, carnet à la main, et noter les noms de rues, boulevards et autres squares que vous traversez. Si nécessaire, dévier de votre parcours pour éviter les lieux trop prosaïques (la rue Briquet par exemple) ou pour atteindre un lieu au potentiel lyrique indiscutable (la rue des Martyrs par exemple). Arrivé à destination, s'assoir en terrasse pour rédiger une ballade de forme classique relatant votre balade. ◆ Constater que vous auriez dû mettre des chaussures plus confortables et que tout ça ne fait pas un poème. Recommencer en voilier dans le golfe du Morbihan.

ETROUVER LE JOURNAL INTIME DE votre adolescence. Dans le texte dont la date la plus approchée de celle du jour, choisir les mots les plus désespérés. Dans un cahier neuf, inscrire la date (celle du jour) et déployer ces mots noirs en une sorte de chant syncopé en vers rimés platement reprenant la rythmique de votre chanson préférée de l'époque. Répéter l'opération à quelques reprises, jusqu'à croire que vous êtes vraiment sorti de l'adolescence. Retrouver grâce aux réseaux sociaux votre meilleur ami d'enfance et lui envoyer vos textes. ◆ Constater que votre ami vous a complètement oublié, que les chants désespérés ne sont pas les plus beaux et que tout ça ne fait pas un poème. Recommencer avec élégance, en relisant de grands poèmes romantiques.

FIN SEPTEMBRE, ALLER PASSER QUELQUES jours à Saint-Malo. N'emporter que le strict nécessaire : un gros pull, une chemise légère, des shorts, un jean, un imper, des sandales, des bottes, un maillot de bain, un bonnet de laine, des mitaines. Chaque matin, s'habiller a contrario de la météo annoncée et monter sur les remparts face au Grand Bé. Quand vous mourez de froid (ou de chaud) écrire quelques lignes d'une prose d'outre-tombe. Rentrer à l'hôtel, se changer ⚬—ᴫ et remonter sur les remparts, mourir, écrire, etc. ✦ Constater que le temps change trop vite et que tout ça ne fait pas un poème. Recommencer en partant pour Sète sans bagages, en fredonnant du Brassens. ⚬—ᴫ

IMAGINER UN ENTRETIEN D'EMBAUCHE OÙ l'on vous demande quel est votre plus gros défaut. Répondre. Le perfectionnisme, par exemple. Puis, écrire un bref récit au passé, qui soit le parfait exemple de cette tare qui vous affecte. Relire, traquer les fautes, de concordance des temps, notamment. Réécrire. Rerelire. Avoir soudainement très envie d'un dessert glacé aux fraises, surtout si ce n'est pas la saison. Reréécrire quand même. Rererelire. Penser soudainement aux Cathares qui élevaient la privation au rang de vertu théologale. ◆ Constater que votre plus gros défaut est plutôt la gourmandise et que tout ça ne fait pas un poème. Recommencer en rereréécrivant votre récit au passé surcomposé et au plus-que-parfait.

PENDANT UNE SEMAINE, ALLER CHAQUE jour faire des photographies dans votre quartier en cherchant les motifs alphabétiques que recèle le tissu urbain. Le o des œils-de-bœuf, le V des ramures des grands arbres, le U des auvents festonnés, ou le T des panneaux indicateurs, par exemple. Collecter le plus grand nombre de lettres possible. S'assurer chaque fois que l'image comporte au moins une ligne horizontale (ou presque). Ne pas céder à la facilité de photographier les enseignes. Imprimer les images. Sur chacune, rédiger un texte commençant par la lettre illustrée et occupant l'entièreté de la ligne horizontale la plus longue de l'image. ◆ Constater que vous ne reconnaissez plus les lettres sur la moitié des photos et que tout ça ne fait pas un poème. Recommencer à la campagne en photographiant des nuages.

RÉSERVER UNE PLACE À L'OPÉRA POUR une œuvre dans une langue qui vous est totalement étrangère. Choisir de façon à s'assurer de bien voir les mouvements et les mimiques des acteurs. Ne pas consulter le livret. Pendant la représentation, tenter de traduire en mots les gestes que vous voyez sur scène et noter discrètement. De retour chez vous utiliser vos notes et votre mémoire pour écrire une chanson sur un air connu (la musique de Star Wars, par exemple). De temps à autres, croiser les doigts ou discipliner de la main vos cheveux en bataille. ◆ Constater que vous ne distinguez plus les bons des méchants et que tout ça ne fait pas un poème. Recommencer pendant un match de football avec votre vieil ami Roland.

FAIRE LIRE (IN PRÆSENTIA) À AU MOINS cinq amis qui ne connaissent rien à la poésie un non-poème réalisé selon un des protocoles élaborés précédemment. Si vous n'avez pas cinq amis, prendre soin de créer au préalable autant d'amis imaginaires que nécessaire pour faire le compte. Traduire en un mot le « ah » que chacun ne manquera pas d'émettre et ajouter la ponctuation appropriée. Par exemple : enthousiasme !!!, curiosité !?, scepticisme …?…, inquiétude ??…?, ironie⸮. Effacer les mots et ne conserver que les signes de ponctuation. Écrire avec ceux-ci, un dialogue dont chaque réplique rime avec le prénom de l'ami auteur du *ah* correspondant au signe qui la clôt. ◆ Constater qu'il y a beaucoup trop de ? et que tout ça ne fait pas un poème. Recommencer avec des étudiants en littérature.

SORTIR TÔT ET RENTRER (TROP) TARD
et seul.e après avoir (trop) bu avec des
gens que vous connaissez à peine. Se
déshabiller. Savourer le plaisir solitaire
d'une nième cigarette et d'un ultime Cuba libre. Ouvrir
son cahier ou sa tablette, prendre son stylo plume
ou son stylet et écrire n'importe quoi. Sur l'absence,
par exemple, ou sur les pages (lues ou blanches), sur
la mer, sur les bateaux. Écrire automatiquement,
comme on dort, comme on rêve. Fermer le cahier ou
la tablette. S'étendre sur le canapé et dormir et rêver
tout son saoul, jusqu'à plus d'heure le lendemain. ◆
Constater qu'aucune colombe n'a traversé vos rêves
et que tout ça ne fait pas un poème. Recommencer
après une visite au musée Picasso.

FIN. LE MOT FIN. SE SOUVENIR DU MOT fin apparaissant à l'écran à la fin d'un film en noir et blanc que vous connaissez par cœur. Fermer les yeux et chercher dans votre mémoire toutes les images qui surgissent à la seule évocation du titre. Imaginer que vous êtes l'amante ou l'amant, Ingrid Bergman ou Humphrey Bogart par exemple. Au besoin, soustraire quelques années à votre âge (ou en ajouter). Sur un site spécialisé, vérifier la durée du film à la minute près. Mettre en marche le chronomètre de votre téléphone et réécrire l'histoire pendant le temps imparti. Ne pas penser à votre mort et laisser la fin en suspens. ✦ Constater que le temps passe, que c'est toujours la même vieille histoire (un combat pour l'amour et la gloire, par exemple) et que tout ça ne fait pas un poème. Ne pas recommencer.

La plupart des protocoles exposés en ces pages cachent (ou révèlent, c'est selon) des références (littéraires, artistiques, historiques, etc.). Bien qu'il ne soit pas nécessaire de les décrypter pour apprécier (ou pas) cet *art apoétique*, il peut être amusant (ou instructif) de faire jouer les clefs offertes pour en ouvrir (presque) toutes les portes. Voici donc.

§ 03 Le miroir désigne, dans le langage typographique, la zone d'impression du texte sur la page.

§ 04 *S/Z* est un ouvrage de Roland Barthes. *Tel Quel* était une revue de critique et de théorie littéraire à laquelle Barthes contribua.

§ 06 En lexicologie, un champ sémantique est un groupe de mots qui partagent certains aspects sémantiques et qui sont utilisés dans le même contexte pour décrire un sujet spécifique. (fr.wikipedia.org)

§ 07 Le tarot divinatoire classique compte 22 arcanes majeurs, chacun comportant une figure destinée à en guider l'interprétation.

§ 08 La Cité Radieuse est une unité d'habitation HLM innovante, conçue et construite à Marseille par l'architecte Le Corbusier.

§ 11 Un sonnet classique compte 14 vers de 12 syllabes chacun rimant selon une structure définie (rimes plates, croisées, ou embrassées).

§ 12 Le souvenir est au cœur de l'œuvre de deux « Marcel » célèbres : Proust et Camus. Les madeleines, le thé, Guermantes, les phrases longues, la moustache, sont ici des références à Proust et à *La recherche du temps perdu*, qui s'ouvre par « Longtemps je me suis couché de bonne heure ». *L'étranger*, de Marcel Camus, commence par « Hier, maman est morte. »

§ 14 Notepad est un éditeur de texte brut utilisé par beaucoup de programmeurs pour rédiger leur code, quel que soit le langage de programmation (Javascript, Python, PHP, C++, etc.)

§ 15 Dans *On the road*, de Jack Kerouac, le narrateur traverse les États-Unis d'est en ouest. Le tapuscrit du livre et ses pages reliées en un long rouleau symbolise la route parcourue. Blaise Cendrars est un autre « itinérant », célèbre par la *Prose du Transsibérien*, une traversée en train, d'ouest en est, de la Russie.

§ 17 *La Légende des siècles*, de Victor Hugo, revisite en poèmes l'histoire de l'humanité. « C'est de l'histoire écoutée aux portes de la légende », écrit-il.

§ 19 Malgré sa typographie apparemment déconstruite, le poème de Mallarmé *Un coup de dé jamais n'abolira le hasard* est tout sauf aléatoire.

§ 20 Le *Tractatus logico-philosophicus* de Ludwig Wittgenstein est composé de sept aphorismes principaux numérotés de 1 à 7, suivis de remarques numérotées en fausses décimales. La Bible est également composée d'aphorismes (versets) numérotés. Et le verbe s'est fait chair.

§ 22 Le tableau périodique des éléments, de Dimitri Mende-
leiev, représente tous les éléments chimiques, classés en
fonction de leur organisation électroniques et regroupés
en familles. Tout se transforme est la conclusion de la
loi de Lavoisier. Le tableau de Kasimir Malevitch, *Carré
blanc sur fond blanc*, apparait symboliquement comme l'an-
tithèse de cette tentative de représentation analytique.

§ 24 « Sous le pont Mirabeau coule la Seine [...] et nos amours
[...] vienne la nuit [...] les jours s'en vont je demeure. »
Mais, n'en déplaise à Guillaume Apollinaire, les ba-
teaux-mouches parisiens ne se rendent pas jusque là. Le
bateau rimbaldien va bien plus loin dans son ivresse.

§ 27 Le code télégraphique inventé par Samuel Morse (qui n'est
plus en usage) est constitué de signaux sonores alternant
brèves et longues traduits graphiquement par des points
et des tirets. Chaque lettre ou chiffre est ainsi représenté
en une séquence d'au plus cinq éléments. Morse Code (ou
Morse Code Transmission) est un groupe de rock pro-
gressif québécois des années 1970.

§ 28 La fable de Jean de La Fontaine, *Le lièvre et la tortue*,
constitue en quelque sorte une version moralisée d'un
paradoxe de Zénon d'Élée, Achille et la tortue : dans la
course qui les oppose, le coureur Achille laisse au départ
une longueur d'avance à la tortue ; or, chaque fois qu'il at-
teint le point où se trouvait la tortue, celle-ci se trouve en-
core plus loin ; ainsi, Achille ne pourra jamais la rattraper.

§ 29 Romancier (*Le labyrinthe*, entre autres), cinéaste (*Glisse-
ments progressifs du plaisir*, entre autres) et figure de proue
du Nouveau Roman, Alain Robbe-Grillet est également

connu pour son intérêt avoué pour les pratiques érotiques sado-masochistes.

§ 30 Plusieurs liquides d'utilité courante peuvent être utilisés comme encre invisible (dite sympathique). Révélés pas la chaleur, le lait et le vinaigre blanc deviennent noirâtre pour l'un, rouge pour l'autre.

§ 31 Parmi les opérateurs les plus connus en programmation figure la séquence *if – then – else – end if*. Par ailleurs, *char* et *string* sont des variables utilisées par de nombreux langages, signifiant respectivement caractère et chaîne de caractères.

§ 32 On aura reconnu, dans l'exemple donné, *La Marseillaise*, et déduit que la chanson de Gainsbourg est *Aux armes et cætera*.

§ 33 *To tweet* signifie « gazouiller ». Les messages de Twitter (au plus 140 caractères à l'origine, jusqu'à 280 aujourd'hui) sont donc des gazouillis.

§ 34 Dans un sonnet célèbre, Rimbaud attribue une couleur à chacune des voyelles. Et la petite laine de couleur verte est bien sûr un clin d'œil (d'une subtilité plus que relative, avouons-le), à son amant.

§ 35 Monique Andrée Serf, plus connue sous le nom de Barbara, est née à Paris près du square des Batignolles. Dans sa chanson *Marienbad*, un grand cygne noir portant rubis au col dessine de folles arabesques, semblables peut-être à celles, calligrammatiques, du cygne d'Apollinaire.

§ 36 Pour les médecins du Moyen-Âge, l'humeur avait un lien direct avec le sang. Le mauvais sang, noir comme l'encre, est associé à l'inquiétude et à l'angoisse.

§ 39 Dans sa première version de la chanson *Les bonbons*, Jacques Brel préfère ceux-ci aux fleurs, « parce que les fleurs, c'est périssable ». Dans la deucième version, il vient rechercher ses bonbons et... écoute pousser ses cheveux.

§ 40 Émile Ajar pour Romain Gary (*Gros câlin*) et Vernon Sullivan pour Boris Vian (*J'irai cracher sur vos tombes*) sont parmi les pseudonymes les plus connus de la littérature française contemporaine.

§ 41 En anglais, *sheet* désigne tout autant le drap de lit que la feuille de papier. Le between the sheets est un cocktail inventé, selon la légende, dans les bordels français de l'entre-deux guerres.

§ 44 La musique sérielle, développée notamment par Schönberg, repose sur la répétition de séquences sonores minimales. Les recherches de John Cage s'inscrivent dans la filiation de ces travaux.

§ 47 Rien de tel qu'un verre de bordeaux Chasse-Spleen pour se délivrer des humeurs baudelairiennes. Dans le film *Jour de fête*, de Jacques Tati, un facteur fait sa tournée à bicyclette pendant que le village s'amuse.

§ 48 Fil rouge, fil d'Ariane, fil conducteur : autant de lignes, textiles / textuelles qui (re)constituent la trame de l'histoire, qu'elle soit de *de France*, *extraordinaire* ou de Perreault.

§ 50 Dans ses *Exercices de style*, Raymond Queneau écrit 99 versions d'une même histoire se déroulant dans le bus 66 et mettant en scène un jeune homme portant un chapeau. Jacques Jouet, oulipien lui aussi, est l'auteur, notamment, d'un recueil de *Poèmes du métro*.

§ 50 Les apprentis poètes ont tous été plus ou moins bercés par les mots de Rainer Maria Rilke et les apprenties écrivaines par ceux de Virginia Woolf. Merci à l'une et à l'autre !

§ 53 L'un des paramètres de la mise en page est la justification. Le texte peut notamment être aligné sur l'une ou l'autre des marges (on le dit alors ferré à gauche ou à droite) ou sur les deux marges en un bloc pleinement justifié.

§ 54 La rose apparait comme LA fleur littéraire par excellence : chez Ronsard, chez Stein (a rose is a rose is a rose), etc. Elle est aussi l'emblème de l'apprentissage des déclinaisons latines (rosa rosa rosam rosæ rosæ rosa / rosæ rosæ rosas rosarum rosis rosis).

§ 55 On le sait depuis Choderlos de Laclos : les liaisons peuvent être fort dangereuses.

§ 56 Diogène, considéré comme le premier philosophe cynique, voulait être enterré comme un chien. Le terme « cynisme » provient ainsi du grec ancien kuôn qui signifie chien. *De l'inconvénient d'être né* est un ouvrage du philosophe roumain et cynique Emil Cioran.

§ 58 Les incunables, comme les livres d'aujourd'hui, sont constitués de livrets, assemblés par la reliure résultant du pliage de grandes feuilles en deux, en quatre, en huit, etc. Pliée trois fois, la feuille forme ainsi un livret *in octavo* comportant donc seize pages imprimées recto-verso.

§ 61 Dans *La Muse*, Alfred de Musset élève la douleur au rang d'inspiration essentielle du poète romantique : « Rien ne nous rend si grands qu'une grande douleur. / Mais, pour en être atteint, ne crois pas, ô poète, / Que ta voix ici-bas doive rester muette. / Les plus désespérés sont les chants les plus beaux, / Et j'en sais d'immortels qui sont de purs sanglots. »

§ 62 Auteur notamment des *Mémoires d'outre-tombe*, François-René de Chateaubriand est enterré sur l'île du Grand-Bé, en face de Saint-Malo. À Sète, sont enterrés Paul Valéry et Georges Brassens.

§ 63 La perfection, hélas, n'est pas de ce monde, malgré les parfaits aux fraises (ou au chocolat) et les parfaits du pays cathare.

§ 65 La plus connue, sans doute, des chansons de geste, relatant quêtes et conquêtes historiques ou légentaires, est la *Chanson de Roland*, dont les manuscrits les plus anciens remontent au XIIe siècle.

§ 67 Le surréalisme entend libérer l'expression artistique du contrôle de la raison en laissant libre cours au rêve et à l'inconscient. Parmi les textes les plus connus de Paul Éluard, surréaliste de la première heure, *Liberté* et *Le visage de la paix* (illustré par Picasso).

§ 68 Même si la chanson *As time goes by*, de Herman Hupfeld, n'a pas été écrite pour le film *Casablanca*, elle en est désormais indissociable. Play it again, Sam : « The world will always welcome lovers / As time goes by ».

TABLE DES PROTOCOLES

DE LA MÊME AUTRICE

LIVRES

- *Ici-bas*, Éditions du Noroît, Montréal, 2014
- *QR {codes}*, livre d'artiste interactif, editionum, Paris, 2014
- *Je suis un livre*, Éditions du Noroît, Montréal, 2010
- *Tout comme*, Éditions du Noroît, Montréal, 2007
- *Chroniques analogiques*, Éditions du Noroît, Montréal, 1989
- *Nous passions*, Éditions du Noroît, Montréal, 1986
- *Noces*, suivi de *L'itinéraire désirant*, Éditions du Noroît, Montréal, 1983

MULTIMÉDIA ET NUMÉRIQUE

- *Tabula rasa*, www.belislemarie.com/tabula-rasa, depuis 2016
- *Immortalités*, www.belislemarie.com/immortalites, depuis 2014
- *Scriptura et caetera*, www.scripturae.com, depuis 1999